Annette Fischer

Detmold

Kulturstadt im Teutoburger Wald

deutsch english français

Wartberg Verlag

Fotografie und Text
Annette Fischer

Übersetzungen
Dr. Anthony Alcock (englisch)
Adèle Ecochard (französisch)

1. Auflage 2017

Layout und Satz: Christiane Zay, Potsdam
Druck: Druck- und Verlagshaus Thiele & Schwarz GmbH, Kassel
Buchbinderische Verarbeitung: S. R. Büge, Celle

34281 Gudensberg-Gleichen, Im Wiesental 1
Telefon: 0 56 03 - 9 30 50
www.wartberg-verlag.de
ISBN 978-3-8313-3124-6

Detmold– Kulturstadt im Teutoburger Wald

Sanfte Hügel im Norden und Osten, zum Süden und Südwesten hin die Gebirgsketten des Teutoburger Waldes und dazwischen ein breiter Niederungsbereich, wo auf einer eiszeitlichen Schotterablagerung zwischen der Werre und der im Unterlauf als Knochenbach bezeichneten Berlebecke die Anfänge Detmolds zu suchen sind. Die eigentliche Stadtgründung erfolgte vor 1265. Wohl zeitgleich entstand eine 1366 erstmals urkundlich bezeugte Burg, die wie die Stadt 1447, im Verlauf der Soester Fehde, nahezu vollständig zerstört wurde. Mit dem Wiederaufbau begann Detmolds Aufstieg zur Hauptresidenz der lippischen Landesherren. Da 1547 ein Großbrand die baulichen Spuren des Mittelalters größtenteils vernichtete, prägen heute vor allem Renaissance und Barock, Klassizismus und Historismus den Altstadtkern und dessen näheres Umfeld. Die vielgestaltigen Architekturformen spiegeln die facettenreiche Geschichte Detmolds, die beim Flanieren auf dem parkähnlichen Schlossplatz, in den von Fachwerk gesäumten Straßen und Gassen oder am Friedrichstaler Kanal erlebbar wird. „Die Residenz“, so die landläufige Bezeichnung, hat jedoch mehr zu bieten als ein beeindruckend geschlossenes Stadtbild. Als Kreisstadt und Sitz der Bezirksregierung ist Detmold nach wie vor Verwaltungsmittelpunkt. Zahlreiche Unternehmen, darunter echte Global Player, schaffen Wirtschaftswachstum und Arbeitsplätze, während unter anderem die Hochschule Ostwestfalen-Lippe künftige Nachwuchskräfte ausbildet. Internationale Reputation genießt die Hochschule für Musik, deren vielseitiges Konzertprogramm zugleich das kulturelle Leben bereichert. Musikveranstaltungen spielen in Detmold überhaupt eine große Rolle, daneben begründen Theater, Museen und Ausstellungen den Ruf als Kulturstadt. Gäste und Einheimische profitieren gleichermaßen von der hohen Lebensqualität. Einen wesentlichen Anteil daran hat nicht zuletzt die herrliche, auch als Wanderregion geschätzte Umgebung, in der bekannte Ausflugsziele wie Hermannsdenkmal, Adlerwarte, Vogelpark oder Externsteine locken.

Rund um den Marktplatz

Around the market place

La place Marktplatz

Marktplatz

Mittelpunkt der Detmolder Altstadt ist der Marktplatz mit der Erlöserkirche und dem klassizistischen Rathaus. Komplettiert wird das Ensemble durch den 1902 eingeweihten, im Stil der Neoromantik gestalteten Donopbrunnen, der an die Errichtung der ersten städtischen Wasserleitung erinnert.

At the centre of the old city of Detmold is the market place with the Church of the Redeemer and the classicist Town Hall. The ensemble is completed by the neo-Romanesque Donop well, which was inaugurated in 1902 and reminds one of the erection of the first municipal water pipes.

La place Marktplatz, avec son église Erlöserkirche et son hôtel de ville de style classique, est le cœur de la vieille ville de Detmold. L'ensemble est complété par la fontaine Donopbrunnen inaugurée en 1902 dans le style néoromantique. Elle commémore l'installation de la première conduite d'eau de la ville.

Rathaus

Das Rathaus, ein streng gegliederter Bau mit doppelläufiger Freitreppe und repräsentativem Säulenportikus, entstand zwischen 1828 und 1830.

The Town Hall was built between 1828 and 1830 and is a strictly organized building with a twin flight and an impressive pillared portico.

L'hôtel de ville, très symétrique, avec son double escalier extérieur et son portique à colonnes, a été construit entre 1828 et 1830.

Erlöserkirche

Nur wenige bauliche Reste verweisen auf den mittelalterlichen Ursprung der Erlöserkirche. Beim großen Stadtbrand des Jahres 1547 beschädigt, erhielt das Gotteshaus danach sein heutiges, von der Spätgotik dominiertes Aussehen. Der erst 1592 fertig gestellte Turmhelm zeugt bereits vom Einfluss der Renaissance.

Only a few remaining parts of the structure indicate the medieval origin of the Church of the Redeemer. Although it was damaged in a large town fire in 1547, the church received its current façade, which is dominated by the late-Gothic style. The spire completed in 1592 is evidence of the influence of the Renaissance period.

Il ne reste que très peu de traces des fondations médiévales de l'église Erlöserkirche. Endommagée lors de l'incendie de la ville en 1547, elle a été reconstruite dans son style gothique actuel. La flèche du clocher, qui ne fut terminée qu'en 1592, montre déjà des signes de l'influence de la Renaissance.

Die Lange Straße

The Long Road

La rue Lange Straße

Fußgängerzone

In früheren Zeiten Teil eines alten Fernweges, der von Paderborn nach Lemgo führte, hatte die Lange Straße schon immer eine große Bedeutung. Seit den 1970er-Jahren verläuft dort die Hauptachse der Fußgängerzone, wo zahlreiche Geschäfte, Cafés und Restaurants zum Bummeln, Einkaufen und Genießen einladen.

Once a part of an old long distance path leading from Paderborn to Lemgo, the Lange Straße had always been important. Since the 1970s it has been the main part of the pedestrian zone, in which many shops, cafés and restaurants invite one to shop, stroll and enjoy the atmosphere.

Ayant autrefois fait partie d'un chemin menant de Paderborn à Lemgo, la rue Lange Straße a toujours joué un rôle important. Depuis les années 70, il y passe l'axe principal de la zone piétonne, dans laquelle se trouvent de nombreux magasins, cafés et restaurants qui invitent à la détente et au lèche-vitrine.

Strate's Brauhaus

Viele Jahre war die Speicherstockfassade des zweitältesten Fachwerkgebäudes in Detmold hinter Schieferplatten verborgen. Bei Umbauarbeiten gegen Ende der 1990er-Jahre wiederentdeckt, wurde die Konstruktion von 1550 freigelegt und restauriert. Die Farbgebung entspricht der Fassung aus der Zeit um 1680.

For many years the storage floor's faccade belonging to the second oldest half-timbered building in Detmold was hidden behind slates. Rediscovered during renovations towards the end of the 1990s, the structure, which was built in 1550, was uncovered and restored. The colour scheme is characteristic of the period around 1680.

Pendant plusieurs années, la façade du grenier du deuxième plus ancien bâtiment à colombage de Detmold resta cachée derrière des plaques d'ardoise. Redécouverte lors de travaux de transformation vers la fin des années 90, cette façade de 1550 a été dégagée et restaurée. Ses couleurs actuelles correspondent à celles qu'elle avait vers 1680.

Schmerimenhaus

Als bedeutendstes steinernes Bürgerhaus Detmolds gilt das Schmerimenhaus, benannt nach der ursprünglichen Besitzerfamilie Schmerheim. Wohl um 1547 errichtet, wurde das Gebäude 1587 im Renaissancestil umgestaltet. Typisch sind u. a. die geschweiften Giebel sowie die bis zum Boden reichenden Erker.

The Schmerimenhaus is known as Detmold's most important stone wall town house, named after the Schmerheim family, who originally owned the building. Apparently built around 1547, the building was redesigned according to a Renaissance style in 1587. The curved gables as well as the bays, which reach down to the floor are typical, among other things.

La plus importante maison bourgeoise en pierre de Detmold est la Schmerimenhaus, nommée d'après ses premiers propriétaires, la famille Schmerheim. Construit en 1547, ce bâtiment a ensuite été revu dans le style Renaissance, que l'on reconnaît, entre autres, aux pignons à volutes et aux encorbellements qui descendent jusqu'au sol.

Häuserzeile

Stattliche Bürgerhäuser säumen die Lange Straße. Neben reich dekorierten Fachwerk- und Steinbauten der Renaissancezeit finden sich eindrucksvolle Beispiele des Klassizismus, Historismus und Jugendstils.

Splendid town houses populate the Lange Straße. Aside from decorated half-timbered houses and stone wall buildings from the Renaissance period, several impressive examples of Classicism, Historicism and Art Nouveau are found.

D'imposantes maisons bourgeoises bordent la rue Lange Straße. A côté des bâtiments à colombage ou en pierre de l'époque Renaissance, richement décorés, se trouvent également d'impressionnants exemples des styles classique, historiciste et art Nouveau.

Hofapotheke

Zu den schönsten Bauten der Stadt zählt die Hofapotheke. Das Gebäude ist in der Vergangenheit mehrfach verändert worden. Bei der letzten grundlegenden Modernisierung im Jahr 1905 wurde die vormals barocke Fassade durch eine historistisch geprägte Fachwerkfront ersetzt.

The court pharmacy is one of the most beautiful buildings in town. The building has been changed many times in the past. The Baroque façade was replaced by the historically marked timber framing during the last fundamental modernization in 1905.

La pharmacie Hofapotheke fait partie des plus beaux bâtiments de la ville. Elle a été modifiée plusieurs fois au cours du temps. Après sa dernière modernisation complète en 1905, la façade baroque a été remplacée par une façade à colombage dans le style historiciste.

Das Fürstliche Residenzschloss und seine Umgebung

The Ducal Residence and Environs

Le château princier et ses environs

Fürstliches Residenzschloss

Der Schlossbezirk nimmt rund ein Viertel der Detmolder Altstadt ein. Unter Einbeziehung von Bauteilen einer mittelalterlichen Wasserburg entstand ab Mitte des 16. Jahrhunderts eine geschlossene Vierflügelanlage im Stil der Renaissance. Die charakteristische Formensprache jener Epoche bestimmt vor allem die Eingangsfront des Bauwerks.

The castle district occupies about a quarter of the old city of Detmold. During the mid sixteenth century a closed Renaissance style four-wing compound was built using parts from a medieval moated castle. The characteristic forms of this period determined mainly the front of the building.

Le château et ses terrains occupent près d'un quart de la vieille ville de Detmold. Ses quatre ailes ont été construites au milieu du XVIème siècle dans le style Renaissance à partir d'un château fort médiéval. L'esthétique caractéristique de cette époque est visible notamment à l'entrée du bâtiment.

Steingang mit Wappenfries

Ein künstlerisch vollendetes Zeugnis der Frührenaissance ist der mit Pilastern und einem Wappenfries verzierte Steingang auf der Hofseite des Eingangsflügels. Die Wappen verweisen u. a. auf nahe Verwandte der damaligen lippischen Landesherrschaft.

An artistically consummate testament to the early Renaissance is given by the stone lode on the court side of the entry wing, decorated with pilasters and a crest cornice. The crests reference, among others, close relatives of the then royal family.

Côté cour, les pilastres et les blasons qui ornent l'oriel de l'aile d'entrée sont dans le style typique de la Première Renaissance. Les blasons représentent entre autres les parents proches des anciens seigneurs de la principauté de Lippe.

Roter Saal

Während des Barock galt das Interesse insbesondere der prunkvollen Ausstattung der Schlossinnenräume. Im Roten Saal etwa spiegeln aufwendige Deckengemälde und Stuckverzierungen das höfische Repräsentationsbedürfnis jenes Zeitalters.

During the Baroque period, it was considered especially important to decorate the castle interior ostentatiously. For instance, the Red Hall contains expensive ceiling paintings and mouldings mirroring the royal family's need for representation at the time.

L'époque baroque accordait beaucoup d'importance à la décoration intérieure des salles de châteaux, qui se devaient d'être somptueuses. Dans la salle Roter Saal (salle rouge), les fresques du plafond et les décorations en stuc reflètent cette ostentation propre à l'époque.

Ameide

Über den Schlossgraben hinweg fällt der Blick auf die Ameide, die vom Gebäudeensemble des Lippischen Landesmuseums bestimmt wird. Die 1835 gegründete Einrichtung gilt als eines der ältesten und größten Regionalmuseen Nordrhein-Westfalens.

Across the castle moat one can see the Ameide, which is defined by the ensemble of buildings belonging to the state museum of Lippe. Built in 1835 it is known as one of the largest and oldest regional museums in North Rhine-Westphalia.

Au-delà des douves du château, le regard s'arrête sur la maison Ameide, l'un des bâtiments appartenant au musée Lippisches Landesmuseum. Fondé en 1835, celui-ci est l'un des plus anciens et des plus grands musées régionaux de Rhénanie-du-Nord-Westphalie.

Landestheater Detmold

Dem Schlossplatz gegenüber liegt das Landestheater Detmold. Das Mehrspartenhaus, das Schauspiel, Musiktheater und Ballett bietet und über eine eigene Kinder- und Jugendspielstätte verfügt, ist zugleich die größte Reisebühne Europas.

Across the castle square is the state theatre Detmold. The multi-purpose house, which offers theatre and musical performances, as well as ballet performances and has its own childs playground. It is the largest of its kind in Europe.

Face à la place Schlossplatz se trouve le Landestheater Detmold. Ce théâtre régional, dont le programme varié va du théâtre musical au ballet en passant par le théâtre classique et qui dispose de sa propre scène de théâtre pour enfants, est également la plus grande scène itinérante d'Europe.

Grabbe-Haus

Die Studiobühne des Landestheaters befindet sich im Geburtshaus des Dramatikers Christian Dietrich Grabbe. Das 1752 als Zuchthaus errichtete Gebäude ist zudem Sitz der Grabbe-Gesellschaft und der Bürgerstiftung Detmold.

The stage of the state theatre is located in the birth place of the playwright Christian Dietrich Grabbe. The building, constructed as a prison in 1752, also houses the Grabbe Society and the Detmold Civic Trust.

La scène expérimentale du Landestheater se trouve dans la maison natale du dramaturge Christian Dietrich Grabbe. Cette ancienne prison construite en 1752 est également le siège de la société Grabbe-Gesellschaft et de l'initiative citoyenne Bürgerstiftung Detmold.

Lippisches Landesmuseum

Verschiedene Ausstellungsbereiche des Lippischen Landesmuseums widmen sich der Geschichte Lippes von der Steinzeit bis zur jüngeren Vergangenheit. Überregionale Bezüge haben die natur- und völkerkundlichen Sammlungen. Ein Highlight ist das sogenannte Detmold Child, eine ca. 6500 Jahre alte Kindermumie aus Peru.

Various exhibition areas of the Lippian state museum are dedicated to the regions history ranging from the stone age to the recent past. The sections on natural history and ethnology extend beyond the region. The so-called Detmold Child, a approx. 6,500 year old Peruvian child mummy, is one of the highlights.

Les différents espaces d'exposition du musée Lippisches Landesmuseum retracent l'histoire de Lippe, de l'âge de pierre jusqu'au passé récent. Ses collections naturelles et ethnologiques dépassent quant à elles les frontières de la région : parmi les curiosités du musée, on trouve la Detmold Child, une momie d'enfant venue du Pérou et âgée d'environ 6500 ans.

Ausstellungen im Landesmuseum

Klassiker der Design-Geschichte zeigt die Abteilung Möbel und Innenarchitektur (links), die in Kooperation mit der Hochschule Ostwestfalen-Lippe entstand. Den Gründungsmythos der deutschen Nation thematisiert die Präsentation „Mythos – Arminius, Thusnelda und die Schlacht im Teutoburger Wald“ (unten).

The section on furniture and interior architecture, a cooperation with the University of Ostwestfalen-Lippe, shows some of the classics of the history of design (left). The founding myth of the German nation is the theme of the presentation "Mythos – Arminius, Thusnelda and the Battle in Teutoburg forest" (below).

Créée en coopération avec l'université Ostwestfalen-Lippe, la section du musée dédiée à l'architecture d'intérieur et aux meubles (photo de gauche) expose des classiques de l'histoire du design. Le mythe de fondation de la nation allemande est analysé dans la présentation « Mythe – Arminius, Thusnelda et la bataille de la forêt du Teutobourg » (ci-dessous).

Gassen und versteckte Winkel

Alleys and Hidden Corners

Ruelles et coins cachés

Dichter und Dramatiker

Die beiden Gebäude in der Gasse Unter der Wehme erinnern an zwei berühmte Söhne der Stadt. Im Haus links starb der Dramatiker Christian Dietrich Grabbe (1801–1836), nebenan erblickte der Dichter und politische Publizist Ferdinand Freiligrath (1810–1876) das Licht der Welt.

Both of the buildings in the side street Unter der Wehme are reminiscent of the towns two famous sons. The playwright Christian Dietrich Grabbe (1801–1836) died in the left house, and the poet and political publicist Ferdinand Freiligrath (1810–1876) was born next door.

Les deux bâtiments de la rue Unter der Wehme perpétuent la mémoire de deux célèbres fils de la ville. Dans la maison de gauche mourut le dramaturge Christian Dietrich Grabbe (1801–1836), tandis que le poète et journaliste politique Ferdinand Freiligrath (1810–1876) vit le jour dans la maison voisine.

Meierstraße und Umgebung

Pittoresk wirken die verschieferten Fassaden entlang der Friedrich- und der Meierstraße. Wegen der Teilnahme Kaiser Wilhelms I. an der Einweihung des Hermannsdenkmals (1875) waren die Detmolder aufgefordert worden, ihre Häuser herauszuputzen. Da Fachwerk als ärmlich und unmodern galt, verschwand es häufig hinter einer „Verkleidung".

The slated façades along the Friedrich- and the Meierstraße appear picturesque. Because of the participation of Emperor Wilhelms I. in the inauguration of the Herman monument (1875) the people of Detmold were called upon to make their houses look nice. Since half-timbered frames were considered poor and old-fashioned, they were often hidden.

Ces façades d'ardoise le long des rues Friedrichstraße et Meierstraße sont très pittoresques. En raison de la participation de l'empereur Guillaume Ier à l'inauguration du mémorial Hermannsdenkmal (1875), on demanda aux habitants de Detmold de décorer leurs maisons. Comme le colombage était considéré comme un signe de pauvreté et de manque de modernité, beaucoup de façades à colombage disparurent sous ce « déguisement ».

Gedenkstätte für Opfer der NS-Zeit

Typisch für die Altstadt sind die sogenannten Tweten. Einer der kleinen Fußwege führt zur Gedenkstätte für die Detmolder Opfer des Nationalsozialismus, die 1988 hinter der alten Synagoge errichtet wurde (oben). Die hebräische Inschrift am Vorderhaus, Exterstraße 8, verweist auf die ehemalige jüdische Gemeinde (unten).

So called Twetes are often found in the old city. One of the small paths leads to a memorial dedicated to Detmold's victims of National Socialism, which is found behind an old synagogue in 1988 (above). The Hebrew inscription on the front of the house, Exterstraße 8, indicates that a Jewish community used to be here (below).

Ces petites ruelles sont typiques de la vieille ville. L'un de ces chemins piétons mène au mémorial des habitants de Detmold victimes du nazisme, érigé en 1988 derrière l'ancienne synagogue (ci-dessus). L'inscription en hébreu de la première maison du 8 rue Exterstraße évoque la communauté juive qui s'y trouvait autrefois (ci-dessous).

Martin-Luther-Kirche

Zwischen Meier- und Schülerstraße erstreckt sich die Martin-Luther-Kirche. Die dreischiffige Hallenkirche mit Südturm, Querhaus und oktogonalem Chor entstand zwischen 1896 und 1898 an der Stelle eines barocken Vorgängerbaus.

Between the Meier- und Schülerstraße (street names) towers the Martin-Luther church. The three-aisled hall church with a south tower, a transept and an octagonal choir was built between 1896 and 1898 were a Baroque house used to be.

Entre les rues Meierstraße et Schülerstraße se trouve l'église Martin-Luther-Kirche. Cette église-halle composée de trois nefs, d'un clocher sud, d'un transept et d'un chœur octogonal a été construite entre 1896 et 1898 à l'emplacement de l'église baroque qu'elle remplace.

Krumme Straße

Häuser vom 16. bis späten 18. Jahrhundert, darunter der älteste Fachwerkbau Detmolds von 1547, prägen die Krumme Straße. Hauseigentümer und Geschäftsinhaber haben sich dort zusammengetan, um mit originellen Aktionen und Veranstaltungen den besonderen Charakter des Quartiers zu pflegen.

Houses built in the late 16th to early 18th century, among them the oldest half-timbered house in Detmold built in 1547, mark the Krumme Straße. House owners and business owners joined forces to cultivate the district's special character with original events and activities.

La rue Krumme Straße est caractérisée par des maisons construites entre le XVIème et le XVIIIème siècle, dont la plus vieille maison à colombage de Detmold qui date de 1547. Propriétaires et commerçants se sont réunis pour entretenir le charme si particulier de cet endroit au moyen d'actions et d'événements originaux.

Volkshochschule

Nach umfassender Sanierung erstrahlen viele Häuser entlang der Krummen Straße in neuem Glanz. Mit seinen Renaissanceschnitzereien besonders eindrucksvoll ist das Gebäude der heutigen Volksschule, das 1570 errichtet und um 1720 zum städtischen Brauhaus umgebaut worden war.

After a comprehensive restoration many houses along the Krumme Straße shine in a whole new light. The building housing the current elementary school, built in 1570 and transformed into the town's brewery around 1720, is among the most impressive with its Renaissance-era wood carvings.

Beaucoup de maisons de la rue Krumme Straße qui ont été entièrement rénovées paraissent comme neuves. Le bâtiment de l'université populaire actuelle, avec ses sculptures sur bois dans le style Renaissance, est particulièrement beau. Construit en 1570, il fut transformé vers 1720 en brasserie.

Adolfstraße und Grabenstraße

Ein malerisches Bild bietet heutzutage die im 17. Jahrhundert errichtete Häuserzeile an der Adolfstraße (links). Früher wohnten dort Angehörige städtischer Unterschichten. Mangels Bauland hatte man das jeweils obere Stockwerk auf die Stadtmauer gesetzt, die zugleich die Rückwand der Erd- und Zwischengeschosse bildet (oben).

The row of houses along the Adolfstraße (left) presents a picturesque sight. Members of the town's lower classes lived there in past years. Due to a lack of building land the upper floor was put on top of the town wall, which simultaneously was the back-wall of the ground and intermediary floors (above).

Cette rangée de maisons du XVIIème siècle, la rue Adolfstraße (photo de gauche), offre un paysage très pictural. Autrefois y vivaient des citoyens des classes inférieures de la ville. En raison d'un manque de place, le dernier étage de chaque maison fut construit sur les remparts de la ville, qui servent donc de façade arrière pour les rez-de-chaussée et les autres étages (ci-dessus).

Auf den Spuren barocker Prachtentfaltung

On the Trail of Baroque Splendour

Dans le sillage du baroque

Parklandschaft Friedrichstal

In der Barockzeit gehörten aufwendige Repräsentationsprojekte wie der Friedrichstaler Kanal zur Herrschaftsinszenierung. Zwischen 1701 und 1704 unter Einbeziehung von Wallgraben und Berlebecke erbaut, verband der ehemals schiffbare Wasserlauf das Residenzschloss mit dem einstigen „Lustsitz“ Friedrichstal vor den Toren Detmolds.

During the Baroque era expensive displays of representation such as the canal of Friedrichstal were part of the staging of power. Built between 1701 and 1704 and incorporating the Wallgraben and the Berlebecke, the formerly navigable watercourse connected the residential castle with the former “pleasure palace” Friedrichstal in front of the gates of Detmold.

A l'époque baroque, de nombreux et importants projets de construction chargés de symboliser la puissance des seigneurs virent le jour, tels que le canal Friedrichstaler Kanal. Aménagé entre 1701 et 1704 à partir des douves et de la rivière Berlebecke, il faisait autrefois la liaison entre le cours d'eau navigable du château résidentiel et le « château de plaisance » Friedrichstal aux portes de Detmold.

Barocke Neustadt

Die ab 1707 errichtete Neustadt war die erste Erweiterung Detmolds über den mittelalterlichen Mauerring hinaus. Die barocke Häuserreihe schuf Wohnraum und bot nicht zuletzt eine reizvolle Kulisse entlang des Kanals. Angesichts baulicher Veränderungen entspricht am ehesten das Haus Nr. 2 seinem ursprünglichen Zustand.

The new city, built in 1707, was the first expansion of Detmold beyond the medieval circle of walls. The Baroque row of houses created both living space and a delightful scenery along the canal. Considering changes in the structures, the second house resembles the original build most closely.

La zone Neustadt aménagée à partir de 1707 fut le premier agrandissement de Detmold à dépasser les frontières médiévales. Construite pour créer de nouveaux lieux d'habitations, cette rangée de maisons baroque forme également un joli paysage le long du canal. La maison numéro 2 est celle qui a su le mieux conserver son état d'origine.

Neues Palais und Palaisgarten mit Wasserspielen

Den Abschluss der Neustadt bildete ein Barockschlösschen, das Mitte des 19. Jahrhunderts im Stil eines italienischen Renaissancepalastes umgebaut und danach als Neues Palais bezeichnet wurde (oben). Etwa zeitgleich erfolgte die Verwandlung der Außenanlagen in einen mit Wasserspielen und Brunnen ausgestatteten englischen Landschaftsgarten (rechts).

The new city was completed by a small Baroque castle, rebuilt during the mid 19th century in the style of an Italian Renaissance palace and later called the New Palais (above). Around the same time the outside facilities were transformed into an English landscaped garden with waterworks and a fountain (right).

L'aménagement de la Neustadt s'acheva avec la construction d'un château baroque transformé au milieu du XIXème siècle en un palais dans le style de la Renaissance italienne et renommé ensuite Neues Palais (nouveau palais – photo ci-dessus). A peu près à la même période, l'extérieur fut aménagé en un jardin anglais doté de jets d'eau et de fontaines (photos de droite).

Konzerthaus

Im Neuen Palais „residiert“ heute die renommierte Hochschule für Musik Detmold, zu der auch das benachbarte, in den 1960er-Jahren erbaute Konzerthaus gehört. Die Betonplastik vor dem Eingang schuf der Detmolder Bildhauer Karl Ehlers (1904–1973).

Today, the new Palais is occupied by the renowned Detmold Music School, to which the neighbouring concert hall, built in the 1960s, belongs. The concrete sculpture in front of the entrance was created by the sculpturer Karl Ehlers (1904–1973).

Aujourd'hui, c'est la fameuse Hochschule für Musik Detmold (académie de musique de Detmold) qui « réside » dans le Neues Palais. La salle de concert construite à côté dans les années 60 lui appartient. L'entrée en béton a été conçue par le sculpteur Karl Ehlers (1904–1973), originaire de Detmold.

Neuer Krug und Sommertheater

Ein spätmittelalterliches Gasthaus in Bacharach am Rhein war Vorbild für das 1889 errichtete Gebäude des Neuen Kruges (links). Direkt nebenan entstand 1898 das Sommertheater (oben). Ab 2001 restauriert und um moderne Anbauten ergänzt, bietet es ein attraktives Ambiente für Veranstaltungen aller Art.

A late medieval inn in Bacharach near the Rhein was the blueprint for the building of the Neuer Krug, built in 1889 (left). Directly next to it the summer theatre was built in 1898 (above). Starting in 2001 it was restored and extended with modern structures, and it offers an attractive ambience for events of all sorts.

Une auberge de la ville Bacharach am Rhein datant de la fin du Moyen-Âge servit de modèle pour la construction du bâtiment Neuer Krug en 1889 (photo de gauche). Juste à côté se trouve le Sommertheater (théâtre d'été) construit en 1898 (ci-dessus). Restauré en 2001 et complété par des annexes modernes, celui-ci offre un cadre attractif pour l'organisation de tous types d'événements.

Krummes Haus

An die Gartenanlage Friedrichstal, wo die illustren Kanalfahrten der Hofgesellschaft ihren Endpunkt erreichten, erinnern nur noch wenige Relikte, u. a. die alte Orangerie. Das sogenannte Krumme Haus, das inzwischen mehrfach baulich verändert wurde, beherbergt heute die Verwaltung des LWL-Freilichtmuseums Detmold.

Only a few relics, such as the old Orangery, remind one of the gardens in Friedrichstal, where the illustrious canal rides taken by members of the royal society reach their end. The so-called Krumme Haus (crooked house), refurbished several times by now, houses the administrative facility of the open air LWL-museum Detmold.

L'ancienne orangerie et quelques autres reliques rappellent encore l'époque du jardin Friedrichstal où s'achevaient les promenades en bateau des courtisans. La maison surnommée « Krummes Haus » (maison courbe), qui a subi plusieurs transformations, héberge aujourd'hui l'administration de l'écomusée LWL-Freilichtmuseum de Detmold.

Fürstliches Mausoleum

Zur Ausstattung des aus drei Ebenen bestehenden Terrassengartens gehörten Treppen und Kaskaden, Fontänen, Teiche, Blumenrabatten und auch eine in die unterste Hangstufe eingebaute Grotte. 1855/56 wurde der Raum zum fürstlichen Mausoleum umgestaltet und mit einer neogotischen Fassade versehen.

The three level terrace garden is equipped with a staircase and cascades, fountains, lakes, flower beds and also a cave built into the lowest part of the hillside. 1855/56 the area was transformed into a ducal mausoleum and given a neo-Gothic exterior.

Le jardin en terrasses construit sur trois niveaux est décoré d'escaliers et de cascades, de fontaines, d'étangs, de plates-bandes et même d'une grotte aménagée dans la terrasse inférieure. En 1855/56, cet espace fut transformé en mausolée princier et doté d'une façade néo-gothique.

Westfalen im Kleinen

Westphalia in Microcosm

Echantillons de Westphalie

LWL-Freilichtmuseum Detmold

Unter Einbeziehung des einstigen Friedrichstaler Terrassengartens entstand ab 1960 das größte Freilichtmuseum Deutschlands. Nach landschaftstypischen Gesichtspunkten im Gelände platziert, vermitteln dort ca. 120 historische Gebäude einen Eindruck der ländlichen Alltagskultur Westfalens vom 16. bis zum 20. Jahrhundert.

Incorporating what once was the terrace garden Friedrichstal, the largest open air museum in Germany was created starting in 1960. Around 120 historic buildings, placed in accordance with the landscape, present a picture of the daily rural culture in Westphalia from the 16th to the 20th century.

En 1960 fut créé le plus grand écomusée d'Allemagne, qui intègre l'ancien jardin en terrasses Friedrichstal. Placés sur le terrain d'après les caractéristiques du paysage, près de 120 bâtiments donnent un aperçu de la vie agricole de Westphalie telle qu'elle était du XVIème au XXème siècle.

Tiere, Felder und Gärten

Alte Haustierrassen beleben das von Äckern und Wiesen durchzogene Areal ebenso wie die wunderschönen Gärten. Deren Gestaltung berücksichtigt regional- und epochenspezifische Besonderheiten, dokumentiert aber auch gesellschaftliche Unterschiede.

Old breeds of domestic animals liven up the area permeated by fields and meadows, as much as the beautiful gardens. Their design takes account of regional and epochal particularities, and documents societal differences.

Des espèces anciennes d'animaux domestiques peuplent les grands champs et les magnifiques jardins du musée. Leur aménagement prend en compte les spécificités de la région et de l'époque de même que les différences sociales.

Paderborner Dorf

Die größte Baugruppe des Museums ist das Paderborner Dorf, das vom herrschaftlichen Wohnsitz bis zum Tagelöhnerhaus eine komplette Siedlungseinheit der Zeit um 1900 repräsentiert. Selbst Fotoatelier und Kolonialwarenladen fehlen nicht. In den Werkstätten lässt sich u. a. der Schmied über die Schulter sehen.

The largest piece of the museum is the Paderbornian village, which represents a settlement around 1900 with everything from a grand manor to the house of a day labourer. Not even a photo studio and a shop selling colonial products are missing. One can watch the blacksmith work in his shop, among other things.

Le plus gros groupement de maisons du musée est le village Paderborner Dorf, qui reproduit entièrement, de la propriété seigneuriale jusqu'à la maison du travailleur journalier, un village typique autour de 1900. Il y a même un atelier de photo et un magasin de produits coloniaux. Dans les ateliers, on peut voir, entre autres, le forgeron au travail.

Klassizismus, Historismus und mehr

Classicism, Historicism and More

Classicisme, historicisme et plus encore

Allee

Parallel zur barocken Neustadt entstand ab 1818 auf der Westseite des Friedrichstaler Kanals eine Häuserreihe im klassizistischen Stil. In den villenartigen Gebäuden wohnten vorwiegend Angehörige der landesherrlichen Beamtenschaft.

On the west side of the canal of Friedrichstal a row of houses in the Classicist style was built in 1818, while the Baroque new city was being built at the same time. The manor like houses were overwhelmingly occupied by the court's officials.

Cette rangée de maisons de style classique est apparue en 1818 sur la berge occidentale du canal Friedrichstaler Kanal et fait face à la Neustadt baroque, sur l'autre rive. Dans ces villas habitaient principalement des fonctionnaires au service de la principauté.

Architekturdetails

Eine strenge Gliederung mit Betonung der Mittelachse kennzeichnet die traufenständigen Putzbauten entlang der Allee. Typisch sind die zum Teil doppelläufigen Freitreppen sowie von Pilastern eingefasste Türen.

A strict organization emphasizing the middle road marks the lengthwise plaster-walled buildings along the avenue. The two-way outside staircases are typical, as are the doors surrounded by pilasters.

Structure claire et mise en valeur de l'axe médian caractérisent ces maisons en crépi construites le long de l'allée. Les escaliers extérieurs, parfois doubles, ainsi que les portes encadrées de pilastres, sont typiques.

Palais Meysenbug

Planmäßigkeit und einheitliche Ästhetik waren auch das Credo der ab 1827 im Bereich der Hornschen Straße tätigen Baumeister. Das 1840 errichtete Palais, in dem zeitweise die Schriftstellerin und Frauenrechtlerin Malwida von Meysenbug (1816–1903) lebte, ist wie das schräg gegenüberliegende Haus Münsterberg ein Beispiel für den sogenannten klassizistischen Rundbogenstil.

Orderliness and uniform aesthetics also were the credo of the builders, who started their businesses near the Hornsche Straße in 1827. The palais, built in 1840, temporarily housed the author and women's rights activist Malwida von Meysenbug (1816–1903) and is an example of the Classicist round arch style, much like the diagonally opposite house Münsterberg.

Rigueur et homogénéité esthétiques étaient les mots d'ordre des constructeurs qui aménagèrent la rue Hornsche Straße à partir de 1827. Tout comme la maison Haus Münsterberg qui lui fait face, ce palais construit en 1840 est un exemple de ce qu'on appelle le style arc en plein cintre. L'écrivaine et féministe Malwida von Meysenbug (1816–1903) y vécut pendant un temps.

Bergkeller

Dorische Pilaster und ein Akanthusfries zieren das klassizistische Portal des Bierkellers, den das Detmolder Braueramt 1836 am südlichen Ende der Neustadt im Büchenberg anlegen ließ.

Doric pilasters and an acanthus frieze adorn the neoclassical gateway of the beer cellar, built by the municipal authority for brewing towards the southern end of the new town in the Buchenberg in 1836.

Des pilastres doriques et des feuilles d'acanthes ornent la porte néoclassique de cette cave à bière commanditée par la brasserie officielle de la ville en 1836 à l'extrémité sud de la Neustadt, sur la colline Büchenberg.

Haus Münsterberg

1840 erbaut, wurde das Haus Münsterberg 1986 um 7,20 Meter an seinen jetzigen Standort verschoben. Neben der Gesellschaft für christlich-jüdische Zusammenarbeit ist dort das Literaturbüro Ostwestfalen-Lippe in Detmold e.V. ansässig.

Built in 1840, the house Münsterberg was transferred to its current location by 7.20 metres in 1986. Besides the society for Christian-Jewish cooperation one can find the Literature Bureau of Ostwestfalen-Lippe in Detmold.

Construite en 1840, la maison Haus Münsterberg a été déplacée de 7,20 mètres en 1986. La « Gesellschaft für christlich-jüdische Zusammenarbeit » (société pour la collaboration entre chrétiens et juifs) et l'association « Literaturbüro Ostwestfalen-Lippe in Detmold e.V. » (bureau de littérature de Westphalie-Est-Lippe à Detmold) y ont leur siège.

Kaiser-Wilhelm-Platz

Von gründerzeitlichem Aufbruch geprägt, entwickelte sich westlich der Paulinenstraße Detmolds „neue Mitte“. Zentrum war der 1875 fertiggestellte Kaiser-Wilhelm-Platz. Rondelle, sternförmig angeordnete Wege und eine umlaufende Lindenallee bestimmten das ursprüngliche Aussehen des Bürgerparks, der zugleich Standort zweier Kriegerdenkmäler ist.

Detmolds “new middle” was influenced by the years of industrialization in Germany and developed west of the Paulinenstraße. Its centre was the Kaiser-Wilhelm square, completed in 1875. Rotundas, paths shaped like stars and the rotary Lindenallee shape the original look of the public park, which is also home to two war memorials.

Marquée par le style allemand du XIXème siècle, le « nouveau centre » de Detmold se développa à l'ouest de la rue Paulinenstraße. Au milieu se trouvait la place Kaiser-Wilhelm-Platz, achevée en 1875. Celle-ci se composait à l'époque d'une tourelle de laquelle partaient huit chemins en étoile et était entourée d'une allée de tilleuls. Cette place est un parc municipal et accueille également deux monuments aux morts.

Öffentliche Bauten

Rund um den Kaiser-Wilhelm-Platz entstanden in den verschiedenen Spielarten des Historismus Wohn- und Geschäftshäuser, aber auch etliche öffentliche Bauten. Eindrucksvolle Beispiele sind das Gebäude der früheren Fürstlich-Lippischen Regierung mit dem weithin sichtbaren Turm (oben) oder die 1889/90 im Stil der Neorenaissance gestaltete ehemalige Hauptpost (unten).

Around the Kaiser-Wilhelm Square homes and businesses, as well as several public buildings developed in the various types of Historicism. Impressive examples include the building of the former ducal government of Lippe with the clearly visible tower or what used to be the main post office, built around 1889/90 in the style of the new Renaissance.

Tout autour de la place Kaiser-Wilhelm-Platz, des habitations, des magasins mais également des bâtiments publics furent construits dans diverses variantes du style historiciste, tels que le bâtiment de l'ancien gouvernement de la principauté de Lippe avec sa tour qu'on voit de loin, ou encore la poste principale construite en 1889/90 dans le style néo-Renaissance.

Christuskirche

Der früheren Hauptpost gegenüber, auf einem zuvor als Viehmarkt genutzten Areal schuf der Berliner Architekt Otto Kuhlmann, ein gebürtiger Detmolder, die Christuskirche. Zwischen 1905 und 1908 entstand eine neugotische, dreischiffige Hallenkirche mit breitem Querhaus und polygonalem Chor.

Opposite what used to be the main post office Otto Kuhlman, an architect from Berlin born in Detmold, created the Church of Christ on grounds formerly used as an animal market. Between 1905 and 1908 a neo-Gothic, three-aisled church hall with a wide transept and a polygonal choir was built.

L'église Christuskirche fut conçue dans le style néo-gothique par l'architecte Otto Kuhlmann, originaire de Detmold. Cette église-halle aux trois nefs, au large transept et au chœur polygonal fut érigée entre 1905 et 1908 en face de l'ancienne poste principale, là où se trouvait autrefois une foire aux bestiaux.

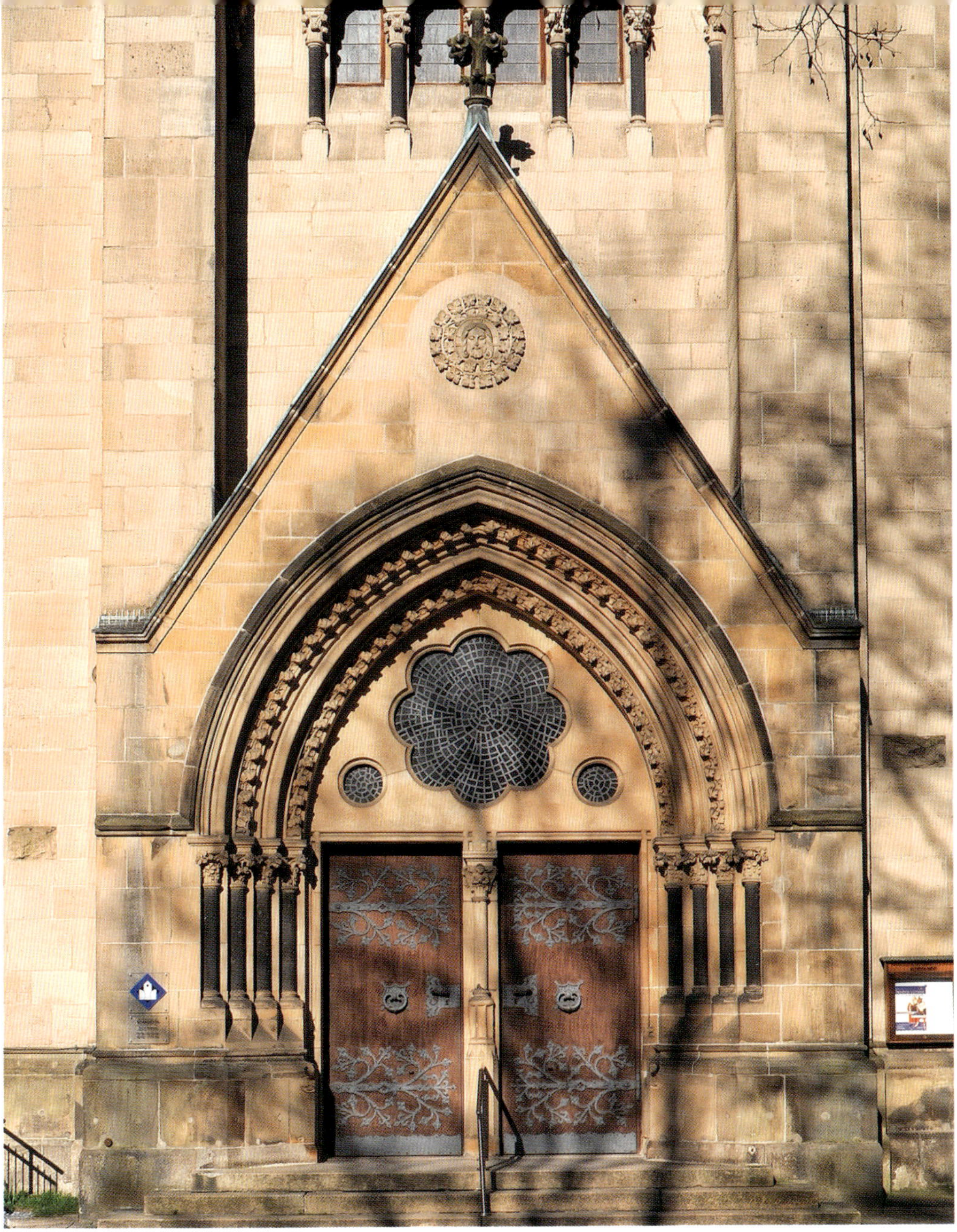

Portal der Christuskirche

Raumnot in der Erlöserkirche hatte den Neubau erfordert. Um dennoch die Verbundenheit zur Stadt zu betonen, wurde das Wahrzeichen der Christuskirche, der ca. 65 Meter hohe, über dem Hauptportal errichtete Turm an der Ostseite des Kirchenschiffs platziert, während der Chor im Westen liegt.

The lack of living space in the Church of the Redeemer prompted a restructuring. To emphasize solidarity with the town the emblem of the Church of Christ, the tower, around 65 metres in height and built above the main gate, was placed on the east side of the church, with the choir located on the west side.

La construction de l'église Christuskirche fut motivée par le manque d'espace de l'église Erlöserkirche. Toutefois, pour marquer son lien avec la ville, on plaça le clocher, situé au-dessus du portail principal, dans la partie orientale de la nef, tandis que le chœur fut aménagé dans la partie occidentale. Emblème de l'église, ce clocher fait environ 65 mètres de haut.

Baudenkmäler

In den über 700 Baudenkmälern der Stadt spiegeln sich unterschiedlichste Facetten der Detmolder Geschichte vom Mittelalter über die Frühe Neuzeit bis zur jüngeren Vergangenheit.

More than 700 memorials belonging to the town reflect all of the various aspects of the history of Detmold, ranging from the middle ages to modern times and the recent past.

Les plus de 700 mémoriaux de la ville reflètent les différentes facettes de l'histoire de Detmold, du Moyen-Âge jusqu'au passé récent, en passant par l'époque moderne.

Schule am Wall

An die frühere Ausbildung „höherer Töchter“ erinnert die 1910 in einer Melange aus Neobarock und Jugendstil erweiterte Alte Schule am Wall, heute Standesamt und Ort kultureller Veranstaltungen.

The old school near the wall, which was expanded in 1910 in a mixture of new Baroque and Art Nouveau, reminds one of the training of so-called "higher daughters". Today, it serves as the registry office and a place for cultural events.

Cette école Alte Schule am Wall, agrandie en 1910 dans un mélange des styles néo-baroque et art Nouveau et aujourd'hui bureau de l'état civil et lieu culturel, rappelle la formation des « jeunes filles bourgeoises » qui y était dispensée.

Hochschule Ostwestfalen-Lippe

Auf Detmolds Vergangenheit als Garnisonsstadt verweist der Gebäudekomplex der zwischen 1901 und 1904 in Neorenaissanceformen errichteten Emilienkaserne, der heute u. a. die auf das Bauwesen konzentrierten Fachbereiche der Hochschule Ostwestfalen-Lippe beherbergt.

The Emilien barracks, built bewteen 1901 and 1904 in the style of the new Renaissance, indicate that Detmold once was a garrison town. Today, the building is occupied by the department for of civil engineering of the University of Ostwestfalen-Lippe.

La caserne Emilienkaserne rappelle le passé de Detmold comme ville de garnison. Construit entre 1901 et 1904 dans le style néo-Renaissance, ce complexe héberge aujourd'hui, entre autres, les départements dédiés aux métiers du bâtiment de l'université spécialisée Hochschule Ostwestfalen-Lippe.

Ergänzungsbau der Hochschule

Einen originellen Kontrast zum Bestand bilden moderne Ergänzungsbauten. Sie greifen das Ziegelrot der Kasernengebäude auf, bieten aber in Bezug auf Farbvariation, Formgebung und Material eine architektonische Neuinterpretation. An ihrer Planung waren Studierende der Hochschule beteiligt.

The modern extensions of the building create an original contrast to the rest of the structure. They adopt the brick red of the barrack buildings, but offer an architectural reinterpretation in terms of color variation, shaping and material. They were partly designed by students of this University.

Les bâtiments modernes ajoutés plus récemment forment un contraste original avec les bâtiments d'origine. Ils reprennent le brique rouge de l'ancienne caserne, mais offrent une réinterprétation architecturale en termes de variation de couleur, de façonnage et de matériau. Les étudiants de l'université ont pris part à leur conception.

Altes und Neues

Old and New

Ancien et nouveau

Museum für russlanddeutsche Kulturgeschichte

Das Areal der früheren Klüter Kaserne ist u. a. Standort des Museums für russlanddeutsche Kulturgeschichte. Deutschlandweit einzigartig, informiert die Einrichtung über die vor allem von Zarin Katharina der Großen geförderte Ansiedlung Deutscher in Russland und deren dortiges Leben. Thematisiert wird aber auch das Spannungsfeld zwischen Identitätswahrung und Verfolgung, die dann oftmals zur Rückkehr nach Deutschland führte.

The area of what used to be the Klüter barracks is now occupied by the museum for Russian-German cultural history. It is the only one of its kind in all of Germany and informs about the settlement of Germans in Russia and their lives, notably supported by the Empress Catherine the Great. Another one of the museum's themes is the tension between maintaining identity and persecution, which frequently prompted settlers to return to Germany.

Sur le terrain de l'ancienne caserne Klüter Kaserne se trouve, entre autres, le Museum für russlanddeutsche Kulturgeschichte (musée de l'histoire culturelle des Allemands de Russie). Unique en son genre en Allemagne, il donne des informations sur les communautés allemandes de Russie, qui s'implantèrent notamment avec l'aide de la tsarine Catherine II, et sur leur vie là-bas. Autre thème présenté par le musée : la tension entre préservation de l'identité et persécution, qui mena souvent au retour de ces Allemands dans leur pays natal.

SINGER

Hangar 21

1936 als Flugzeughalle auf dem damaligen „Fliegerhorst" erbaut, ist der Hangar 21 heute ein Ort der Kreativität für darstellende und bildende Künstler. Nicht zuletzt beflügelt die luftige Stahlkonstruktion das dort ansässige KulturTeam der Stadt Detmold, das unterschiedlichste kulturelle Projekte initiiert und betreut.

Although is was built as an air plane hangar in 1936 on the former "Fliegerhorst" (a name for a runway used for military aircraft), today the Hangar 21 is a place of creativity for visual and performance artists. Additionally, the airy steel construction elevates the city's local culture team, which initiates and supervises various cultural projects.

Construit en 1936 sur une ancienne base aérienne pour servir de hangar pour avions, le Hangar 21 est aujourd'hui un lieu où artistes en tous genres peuvent laisser libre cours à leur créativité. Ce bâtiment d'acier abrite également le siège de l'association municipale KulturTeam, qui soutient et initie divers projets culturels.

Theatre Fragile

Zum festen Programm des städtischen KulturTeams gehört das Europäische Straßentheaterfestival „Bildstörung", das alle zwei Jahre stattfindet. Dabei ziehen ungewöhnliche Performances, wie das vom Theatre Fragile präsentierte Maskentheater im öffentlichen Raum, die Zuschauer in den Bann.

Part of the set program of the city's cultural team is the European street theatre festival "Bildstörung", which is held every two years. Here, unusual performances, such as the masked theatre presented by the Theatre Fragile grace the public and draw many viewers.

Le programme permanent de l'association municipale KulturTeam comprend le festival européen biannuel de théâtre de rue « Bildstörung ». Il fascine les spectateurs avec ses performances insolites telles que le théâtre de masques présenté par la compagnie Theatre Fragile.

Landschaft und Natur

Landscapes and Nature

Nature et paysages

Wald- und Wanderwege

Ausgedehnte Buchenwälder prägen die Detmolder Umgebung und laden zum Wandern ein. Herrliche Waldwege führen auch zur Falkenburg, die ein beeindruckendes Bild der Größe und Aufteilung einer hochmittelalterlichen Dynastenburg vermittelt.

Large beech forests are typical for the surroundings of Detmold and invite you to go hiking. Wonderful woodland trails also lead to the site of Falkenburg, which offers an impressive picture of the size and division of a late medieval dynastic castle.

De vastes forêts de hêtres autour de Detmold vous invitent à faire de la randonnée. De superbes chemins en forêt conduisent aussi au site de Falkenburg, qui reflète la grandeur et l'étendue de cette forteresse dynastique du haut Moyen-Âge.

Falkenburg

Vor dem Ausbau des Detmolder Schlosses zur festen Residenz war u.a. die um 1194 errichtete Falkenburg bei Berlebeck Sitz der lippischen Landesherren. Von 2005 bis 2017 wurden die baulichen Reste der Anlage freigelegt, erforscht und saniert.

Before the castle of Detmold was rebuilt as a residence, the Falkenburg, a castle built around 1194 near Berlebeck, was the residence of the Lippian sovereigns. From Von 2005 to 2017 the remains were uncovered, explored and restored.

Avant la transformation du château de Detmold en résidence permanente, c'était la forteresse Falkenburg près Berlebeck, bâtie vers 1194, qui était le siège des seigneurs de Lippe. De 2005 à 2017, ses ruines furent dégagées, étudiées et restaurées.

Blick über das Tal der Berlebecke

Vom Plateau der Falkenburg bietet sich eine hervorragende Sicht auf die vielgestaltige Landschaft rund um Detmold. Erkennbar sind nicht nur die gebirgigen Höhen des Teutoburger Waldes. Nach Norden hin schweift der Blick über das Werretal bis zum Lippischen Bergland, dessen Silhouette am Horizont verschwimmt.

The plateau of the Falkenburg offers a magnificent view of the diverse landscape surrounding Detmold. Not only the mountainous heights of the Teutoburg Forest are visible. Towards the north one's gaze falls upon the Werratal and the Lippian mountains, whose silhouette becomes blurred on the horizon.

Du plateau de la forteresse Falkenburg, on a une vue superbe sur le paysage varié qui entoure Detmold. On reconnaît non seulement les hauteurs de la forêt du Teutobourg, mais aussi, au nord, la vallée Werretal et la chaîne de montagnes Lippisches Bergland, dont les contours se confondent avec l'horizon.

Hiddeser Bent

Zu den beliebtesten Naherholungsgebieten Detmolds zählt das von attraktiven Wanderwegen durchzogene Areal am Donoper Teich. Nur wenig entfernt erstreckt sich das mit einer Beobachtungsplattform ausgestattete Hiddeser Bent, eines der letzten lebenden Hochmoore Nordrhein-Westfalens.

Part of the most popular local recreational areas is the area near the Donop lake, which is permeated by attractive hiking trails. Not far from here is the Hiddeser Bent, one of the last remaining high moores in Northrhine-Westphalia, with its observation deck.

La partie de la réserve naturelle située près de l'étang Donoper Teich est un des lieux de détente les plus appréciés de Detmold, en raison de ses agréables chemins de randonnée. Non loin de là se trouve la tourbière Hiddeser Bent avec sa plateforme d'observation. Il s'agit de l'une des dernières tourbières de Rhénanie-du-Nord-Wespthalie.

Unterwegs auf Hermannshöhen

On the Hermannshöhe

Sur les chemins Hermannshöhen

Hermannsweg

Durch das Naturschutzgebiet Donoper Teich/Hiddeser Bent verläuft der traditionsreiche Hermannsweg, Teilstück der Wanderroute Hermannshöhen, zu der auch der Eggeweg gehört. Der Name bezieht sich auf das Wahrzeichen der Region, das Hermannsdenkmal, das symbolträchtig die wechselvolle Geschichte des 19. und 20. Jahrhunderts verkörpert.

Through the conservation area Donop lake / Hiddeser Bent runs the traditional Hermannsweg, which is a part of the hiking trail Hermannshöhen, to which the Eggeweg also belongs. The name derives from the regions emblem, the Hermann monument, which symbolically represents the turbulent history of the 19th and 20th century.

A travers la réserve naturelle Donoper Teich / Hiddeser Bent passe le chemin Hermannsweg, qui fait partie des sentiers de randonnée Hermannshöhen, tout comme le chemin Eggeweg. Le nom de Hermannshöhen fait référence à l'emblème de la région, le mémorial Hermannsdenkmal, qui symbolise la riche histoire allemande des XIXème et XXème siècles.

Hermannsdenkmal

Der auf der 386 Meter hohen Grotenburg errichtete „Hermann" misst vom Unterbau bis zur Schwertspitze ca. 55 Meter. Das allein 7 Meter lange Schwert wiegt 11 Zentner. 1875 im Beisein Kaiser Wilhelms I. eingeweiht, ist das Denkmal das Lebenswerk des Architekten und Bildhauers Ernst von Bandel (1800–1876), der für die Fertigstellung fast vierzig Jahre benötigte.

The "Hermann" was built on top of the Grotenburg, which is 386 metres high, and is about 55 metres in hight, measuring from the base to the sword tip. The sword alone is 7 metres long and weighs about 11 hundredweights. The monument was opened in 1875 in the presence of Kaiser Wilhelm I and is the life's work of the architect and sculptor Ernst von Bandel (1800-1876), who took almost forty years to complete it.

Erigé sur la colline Grotenburg haute de 386 mètres, « Hermann » mesure de son socle jusqu'à la pointe de son épée environ 55 mètres. A elle seule, l'épée mesure 7 mètres de long et pèse 11 quintaux. Inauguré en 1875 en la présence de l'empereur Guillaume Ier, ce mémorial est l'œuvre emblématique de l'architecte et sculpteur Ernst von Bandel (1800–1876), qui mit près de quarante ans pour l'achever.

Adlerwarte Berlebeck

Im Detmolder Ortsteil Berlebeck passiert der Hermannsweg die Adlerwarte. Die 1939 gegründete Einrichtung ist nicht nur die älteste, sondern auch die artenreichste Greifvogelwarte Europas. Eine besondere Attraktion sind die Freiflugvorführungen mit Greifvögeln aus aller Welt.

In the district of Berlebeck the Herrmannsweg crosses the eagle aviary. Founded in 1939 it is not only the oldest, but also the most diverse aviary for European predatory birds. The free flight shows with birds of prey from all over the world are a special attraction.

Sur le chemin Hermannsweg qui traverse le quartier Berlebeck de Detmold, on passe devant la réserve d'aigles Adlerwarte Berlebeck. Fondée en 1939, c'est la réserve de rapaces la plus ancienne, mais aussi la plus diversifiée d'Europe. On peut y admirer des vols de rapaces venus du monde entier.

Artenschutz

Neben der Präsentation eindrucksvoller Greife aus dem In- und Ausland wird der Artenschutz großgeschrieben. Als Aufzucht- und Pflegestation für heimische Greifvögel und Eulen kümmert sich die Adlerwarte Berlebeck um verwaiste oder verletzt aufgefundene Jungvögel.

Besides the presentation of impressive birds of prey from Germany and foreign countries, species protection plays a special role. Being a rearing and care centre for native birds of prey and owls, the aviary Berlebeck takes care of orphaned or wounded young birds.

Outre la présentation de ces impressionnants oiseaux de proie venus d'Allemagne et d'ailleurs, la réserve met l'accent sur la protection des espèces. En tant que lieu d'élevage de chouettes et rapaces de la région, l'Adlerwarte Berlebeck prend soin des oisillons orphelins ou blessés.

Rolfscher Hof

Um den Schutz der heimischen Natur geht es im Rolfschen Hof. Das abwechslungsreiche Programm der auf dem Hahnberg oberhalb von Berlebeck gelegenen Umweltbildungsstätte richtet sich insbesondere an Kinder und Jugendliche.

Preservation of nature is the theme of the the Rolfscher Hof. The varied program presented at the environmental education centre on the Hahnberg north of Berlebeck is especially geared towards children and young people.

Le centre d'éducation écologique Rolfscher Hof, situé sur la colline Hahnberg au-dessus de Berlebeck, vise à protéger la faune et la flore de la région. Son programme varié s'adresse en particulier aux enfants et aux jeunes.

Vogelpark Heiligenkirchen

Farbenpracht und exotische Vielfalt herrschen im Vogelpark Heiligenkirchen, wo über 1000 Vögel und Säugetiere zu bewundern sind. Für hautnahe Erlebnisse sorgen begehbare Großvolieren und Freigehege, aber auch die Streichelwiese mit handzahmen Papageien.

The bird park Heiligenkirchen presents a blaze of colours and exotic variety, with more than 1000 birds and mammals to admire. Walk-in aviaries and outdoor enclosures provide a vivid experience, as do a petting meadow with tame parrots.

Couleurs et exotisme règnent dans le parc aux oiseaux Vogelpark Heiligenkirchen, où plus de mille oiseaux et mammifères peuvent être admirés. Des volières et enclos accessibles permettent de les observer de très près, et il est même possible de caresser les perroquets.

Externsteine

Das bedeutendste Natur- und Kulturdenkmal der Region sind die Externsteine bei Horn-Bad Meinberg. Bis zu einer Höhe von rund 40 Metern türmen sich die Sandsteinfelsen. Die darin im Mittelalter angelegten Grotten dienten einst als christliche Kultstätte.

The region's most important natural and cultural monument are the Externsteine. These sand stone rocks are roughly 40 metres in height. The caves within them, which were created during the middle ages, once served as a Christian place of worship.

Les rochers de grès Externsteine, qui atteignent jusqu'à 40 mètres de hauteur, sont le monument historique et naturel le plus important de la région. Les grottes qui y ont été aménagées au Moyen-Âge servaient autrefois de lieu de culte chrétien.

Kreuzabnahmerelief

Ein Kunstwerk von außergewöhnlichem Rang ist das um 1150 aus dem Fels herausgemeißelte Kreuzabnahmerelief, das mit seinen fast lebensgroßen Figuren als die älteste Großplastik Nordwesteuropas gilt.

An extraordinary piece of art is the relief dedicated Christ's descent from the cross, which was sculpted out of the rock around 1150 and is known as one of the oldest large-scale sculptures with its almost life-size figures in north western Europe.

Une œuvre d'art insolite : ce relief représentant la descente de la croix. Taillé dans le rocher vers 1150, cette impressionnante sculpture avec ses visages presque aussi vrais que nature est considérée comme la plus ancienne d'Europe du nord-ouest.

Weitere Bücher aus der Region

Geschichten und Anekdoten aus Detmold – Also um vier am Donopbrunnen
Peter Schütze
80 Seiten, zahlr. S/w-Fotos
ISBN 978-3-8313-2420-0

Zeitreise durch Ostwestfalen-Lippe
Ausflüge in die Vergangenheit
Matthias Rickling, Jan Witt,
Marianne Witt-Stuhr
80 Seiten, zahlr. Farb- und S/w-Fotos
ISBN 978-3-8313-1662-5

Westfälische Weihnachtsgeschichten
Wilhelm Schöttler
80 Seiten,
zahlr. S/w-Fotos
ISBN 978-3-8313-2393-7

Ostwestfalen-Lippe – Küchenklassiker
Pickert, Pudding, Pumpernickel
Ira Schneider
96 Seiten, zahlr. Farbfotos
ISBN 978-3-8313-2475-0

Echt clever!
Geniale Erfindungen aus Nordrhein-Westfalen
Hans-Jörg Kühne
120 Seiten, zahlr. Farb- und S/w-Fotos
ISBN 978-3-8313-2991-5

Westfalen –
Gerichte unserer Kindheit
Rezepte und Geschichten
Christa Weniger
128 Seiten, zahlr. Farbfotos
ISBN 978-3-8313-2983-0

Wartberg-Verlag GmbH
Im Wiesental 1 | 34281 Gudensberg
www.wartberg-verlag.de
Bücher für Deutschlands Städte und Regionen
Tel. 05603-93050
Fax 05603-930528